BEI GRIN MACHT SICH IHR WISSEN BEZAHLT

- Wir veröffentlichen Ihre Hausarbeit, Bachelor- und Masterarbeit

- Ihr eigenes eBook und Buch - weltweit in allen wichtigen Shops

- Verdienen Sie an jedem Verkauf

Jetzt bei www.GRIN.com hochladen und kostenlos publizieren

Burcu Kocakaplan

Die Stellung der Frau im Islam und ihre Assoziation mit der Unterdrückung

GRIN Verlag

Bibliografische Information der Deutschen Nationalbibliothek:

Die Deutsche Bibliothek verzeichnet diese Publikation in der Deutschen National-
bibliografie; detaillierte bibliografische Daten sind im Internet über http://dnb.d-
nb.de/ abrufbar.

Impressum:

Copyright © 2015 GRIN Verlag GmbH
Druck und Bindung: Books on Demand GmbH, Norderstedt Germany
ISBN: 978-3-656-95647-1

Dieses Buch bei GRIN:

http://www.grin.com/de/e-book/299205/die-stellung-der-frau-im-islam-und-ihre-
assozlatlon-mlt-der-unterdrueckung

GRIN - Your knowledge has value

Der GRIN Verlag publiziert seit 1998 wissenschaftliche Arbeiten von Studenten, Hochschullehrern und anderen Akademikern als eBook und gedrucktes Buch. Die Verlagswebsite www.grin.com ist die ideale Plattform zur Veröffentlichung von Hausarbeiten, Abschlussarbeiten, wissenschaftlichen Aufsätzen, Dissertationen und Fachbüchern.

Besuchen Sie uns im Internet:

http://www.grin.com/

http://www.facebook.com/grincom

http://www.twitter.com/grin_com

Die Frau im Islam

Die Stellung der Frau im Islam und ihre Assoziation mit der Unterdrückung

Eine Facharbeit von Burcu Kocakaplan

Inhaltsverzeichnis

1 Einleitung

Das Jahr 610 n. Chr. brachte für die Gesellschaft und vor allem für die Frauen im damaligen Arabien eine große Veränderung mit sich. Es fing damit an, dass ein Mann namens Mohammed sich als der Gesandte Gottes bekanntgab und die neue Religion, den Islam, verkündete. Doch es gab ein Problem: Die bestehenden gesetzlichen und gesellschaftlichen Normen stimmten nicht mit den Maßstäben des Islams überein. So wurden die bisherigen Normen mit der Zeit abgelegt, sodass der größte Teil der Bevölkerung nach den islamischen Prinzipien lebte, die heutzutage von einem Großteil westlicher Gesellschaften als Missachtung, Unterordnung oder Unterdrückung verstanden werden; dies gilt vor allem für die Stellung der muslimischen Frau. Obwohl diese Problematik in gewisser Hinsicht den Alltag vieler Muslimas beschreibt, bleiben die Gründe für diese Assoziierungen oftmals im Verborgenen. So habe auch ich als praktizierende Muslima die Erfahrung gemacht, mich aufgrund meines Glaubens, vor allem aber aufgrund des Tragens eines Kopftuches, rechtfertigen zu müssen. Zudem stellte ich fest, dass viele Personen in meinem Umfeld eine sehr kritische Position gegenüber der Frau im Islam haben. So tauchten meinerseits viele Fragen auf. Hat der Islam die Stellung der Frau verschlechtert? Schreibt der Koran eine Unterdrückung gegenüber der Frau vor? Wieso werden muslimische Frauen des Öfteren mit eher negativen Begriffen beschrieben? Durch all diese Fragen empfinde ich einen persönlichen Bezug zu diesem Thema und möchte mich daher in meiner Facharbeit näher damit auseinandersetzen. Dennoch besteht meine Zielsetzung nicht darin, schlussendlich zu klären, ob der Islam gegenüber der Frau eine gewisse Diskriminierung darstellt. Vielmehr möchte ich den Hintergründen vieler Behauptungen, die Frau im Islam werde unterdrückt, auf die Spur gehen. So habe ich mich für folgende Fragestellung entschieden: „Weshalb wird die Frau im Islam mit der Unterdrückung verbunden?"

Diese umstrittene Frage wird häufig beantwortet, ohne tatsächlich fundamentales Wissen über die Stellung der Frau im Islam zu besitzen. Um dieser Problematik vorzubeugen, werde ich möglichst strukturiert an die Fragestellung herangehen, sodass zunächst einmal bestimmte Sachlagen fundiert analysiert werden.

Infolgedessen möchte ich einen Bezug zur Realität herstellen, wobei die Länder Saudi-Arabien und die Türkei miteinbezogen werden. Bei dieser Betrachtung untersuche ich primär die Gewalt, welche durch den Koran legitimiert wird und meiner Meinung nach die größte Form von Unterdrückung präsentiert. Zumal man des Öfteren hört, dass arabische und türkische Männer eher dazu tendieren, Gewalt gegen ihre Frauen auszuüben. Zur Bearbeitung dieser Aspekte ist es nötig, geeignete Literatur sowie das Internet als Grundlage zu verwenden, wobei es vor allem bei der Türkei ziemlich schwierig ist, genaue Informationen über die aktuelle Situation herauszufinden. Daher werde ich größtenteils ab dem Jahre 2000 berichten.

Um im Weiteren eine mögliche Antwort auf meine Fragestellung zu erhalten, werde ich anhand einer Umfrage die Meinungen der deutschen Bevölkerung bezüglich dieser Thematik wiedergeben und mögliche Gründe für diese herausarbeiten. Während der Schwerpunkt des vorherigen Punktes vorrangig auf der Gewalt lag, wird in der Umfrage das Kopftuch in den Vordergrund gezogen. Der Grund dafür ist, dass dieses in Deutschland oftmals Bestandteil einer öffentlichen Diskussion ist. Daher könnte in gewisser Weise der Anschein bestehen, dass das Kopftuch ein Symbol der Unterdrückung sei.

Durch die Gegenüberstellung der eigentlichen Theorie des Islams und der Realität soll am Ende ein Freiraum zur Bildung einer eigenen Meinung gegeben werden. So soll nach der Darlegung möglicher Gründe der Behauptung, die Frau im Islam werde unterdrückt, jeder für sich entscheiden können, ob dies tatsächlich der Wahrheit entspricht oder einer Fiktion entstammt. Damit ich meine Zielsetzung möglichst gut erreichen kann, möchte ich bestimmte Lücken bzw. Missverständnisse in meiner Facharbeit vermeiden. Daher werde ich vor dem Übergang in den Hauptteil der Facharbeit zunächst einmal einige Begriffe definieren.

2 Definitionen

2.1 Unterdrückung

Unterdrückung beschreibt ein hierarchisches Verhalten[1], in dem ein Individuum, eine soziale Gruppe oder eine Gesellschaft eine andere, bewusst oder unbewusst, daran hindert, ihren persönlichen Willen zu verfolgen.[2] Außerdem können verschieden Formen hierarchischen Verhaltens koexistieren, d.h. während es für einige eine Freiheit darstellt, kann es von anderen als Unterdrückung aufgefasst werden. Während die Ausübung einer Handlung sowohl auf der psychischen als auch auf der physischen Ebene geschehen kann, wird dem Opfer im Allgemeinen das Selbstbestimmungsrecht genommen, so dass der Unterdrücker über Macht bzw. Kontrolle über jemanden verfügt. Oft ist der Betroffene unterlegen und schwächer als sein Gegenüber. Des Weiteren stellt Unterdrückung eine große Ungerechtigkeit dar, welche laut dem deutschen Grundgesetz einen Verstoß gegen die Menschenrechte bedeutet. Gleichwohl finden entsprechende Handlungen jederzeit statt und bringen zahlreiche Probleme mit sich, u.a. die Auslösung von Minderwertigkeitsgefühlen.

2.2 Islam

Der Islam (wörtl. „absolute Hingabe") ist eine monotheistische Religion, welche 610 n. Chr. von dem Propheten Mohammed verkündet worden ist. Durch das laute Aussprechen des Glaubensbekenntnisses, welches besagt, es gebe keinen Gott außer Allah und Mohammed sei sein Gesandter, tritt man dieser Religion bei und wird Muslim bzw. Muslima genannt.[3] Darüber hinaus gibt es im Islam zahlreiche Abspaltungen, wobei die Hauptgruppen die Sunniten und die Schiiten bilden.

---

[1] http://wissen.woxikon.de/unterdrueckung, aus dem Internet entnommen am 06.03.2015
[2] http://www.duden.de/rechtschreibung/unterdruecken, aus dem Internet entnommen am 06.03.2015
[3] http://www.info-magazin.com/?suchbegriff=Islam, aus dem Internet entnommen am 06.03.2015

2.3 Koran

Der Koran ist das heilige Buch der Muslime; das Wort bedeutet „Vortrag" oder „Rezitation". Er ist aus muslimischer Sicht das Wort Gottes, welches an den Propheten Mohammed durch den Erzengel offenbart wurde. Der Koran wurde jedoch nicht als komplettes Werk herabgesandt, sondern nach und nach offenbart. Weiterhin entspricht der Stil des Korans einer gereimten Prosa. Darüber hinaus besteht er aus 114 Suren (Kapiteln), welche unterschiedlich viele Verse beinhalten.[4] Eine chronologische Ordnung der Suren ist nicht vorhanden, stattdessen ist das heilige Buch der Muslime nach der Länge der Suren geordnet.

2.4 Hadith

Der Begriff „Hadith" wird wörtlich als „Erzählung" oder „Bericht" übersetzt und beschreibt die Überlieferungen der Aussprüche und Handlungsweisen des Propheten, wobei die letzteren „Sunna" genannt werden. Diese werden von islamischen Gelehrten auf Authentizität der Überlieferungsketten überprüft und kategorisiert, um Falschaussagen von wahrheitsgemäßen Überlieferungen zu unterscheiden. Somit stellen die Hadithe eine eigene Wissenschaft im Islam dar, die von großer Wichtigkeit ist.[5]

2.5 Scharia

Die Scharia (zu Deutsch „religiöses Gesetz") stellt das gesamte islamische Regelwerk dar, welches aus dem Koran und der Sunna bzw. den Hadithen des Propheten hervorgeht. Dennoch findet man die Scharia nicht als ein fixiertes Regelbuch, da sie eine bestimmte Methode der Rechtsprechung beschreibt. Des Weiteren gibt sie den Muslimen neben zahlreichen Gesetzen auch viele moralische Bestimmungen vor, sodass diese verpflichtet sind, die Regelungen der Scharia bedingungslos zu akzeptieren.[6]

---

[4] http://www.info-magazin.com/?suchbegriff=Koran, aus dem Internet entnommen am 06.03.2015
[5] http://de.wikipedia.org/wiki/Hadith, aus dem Internet entnommen am 06.03.2015
[6] http://de.wikipedia.org/wiki/Scharia, aus dem Internet entnommen am 06.03.2015

3   Die Stellung der Frau

3.1   Die Stellung der Frau vor der Verbreitung des Islams

Bevor in der damaligen arabischen Halbinsel der Islam verkündet wurde, besaßen unverheiratete Frauen eine große sexuelle Freiheit[7], in der sie beispielsweise fremden Männern auf der Straße den Geschlechtsverkehr anboten.[8]

Neben dieser Freiheit hatten die Frauen es in einigen Regionen mit einer diskriminierenden Sitte zu tun: Der Hass auf neugeborene Mädchen war so groß, dass manche bei lebendigem Leibe begraben wurden. Einige arabische Stämme waren sogar besonders für diese Handlung bekannt, wobei die Gründe für den Mord je nach sozialem Stand der Familie variierten. In der Regel vergrub das Familienoberhaupt seine Töchter aus Angst vor Schande, welche die Mädchen in der Zukunft über die Familie bringen könnten.[9] Anscheinend stand die zuvor genannte Gewährleistung der freien Entfaltung der Sexualität im Widerspruch zu der jeweiligen Familienmoral, sodass die Handlungsträger den Mord durch die Furcht vor der Schande legitimierten. Andere Väter hingegen vollbrachten diese Tat aus purer Verzweiflung, da ihnen die finanziellen Mittel zur Versorgung ihrer Kinder bei schweren Erkrankungen nicht zur Verfügung standen.[10] Aufgrund des Fehlens eines Rechtssystems, das davon abhielt, Ungerechtigkeiten jeglicher Art gegen weibliche Individuen zu verüben oder sie unfair zu behandeln[11], hatten die Neugeborenen keine Hoffnung auf Rettung. Vielmehr gab es Beauftragte, welche die Stellung der Frau in der Gesellschaft bestimmten. Dabei wurden Kriterien beachtet, wie zum Beispiel die Familie der Frau, der soziale Status und der Stamm.[12]

Demnach durften Frauen nur dann einen Beruf ausüben, wenn es ihnen von ihrer Familie gestattet war und vor allem ihr sozialer Status es ihnen erlaubte. So war beispielsweise die wohlhabende Khadija, die später Mohammed die Ehe anbot, eine Handelsunternehmerin gewesen.[13]

Unabhängig davon stellte der Schutz für Frauen eine Überlebensnotwendigkeit dar, da die Gesellschaft eher in großen Streitigkeiten als im Frieden lebte.[14]

---

[7] Irene Schneider, der Islam und die Frauen, 2011, S. 16
[8] Schneider, S. 15
[9] Abdurrahman Al-Sheha, Frauen im Schutz des Islam, 2003, S. 19
[10] Al-Sheha, S. 19
[11] Al-Sheha, S. 18
[12] Schneider, S. 17
[13] Schneider, S. 20
[14] Schneider, S. 16

Diesen notwendigen Schutz erhielten verheiratete Frauen durch ihren Ehemann, da dieser u.a. bestrebt war, ihre Ehre und Würde im Stamm aufrechtzuerhalten.[15] Angesichts der frühen Eheschließung[16] erlangten weibliche Individuen schon in jungen Jahren einen geschützten Status. Obendrein besaßen Männer im Gegensatz zum weiblichen Geschlecht die Berechtigung, so viele Frauen zu heiraten, wie sie nur wollten, sodass das Leben in einer unbegrenzten Polygamie keinen sittlichen Bruch darstellte.[17] Dies war jedoch nicht die einzige Form von Ehe, so soll 'Urwa Ibn az-Zubair zufolge Aischa, der späteren Frau Mohammeds die Eheformen in der vorislamischen Gesellschaft auf folgende Weise beschrieben haben:

In der ersten Form sei der Mann dazu verpflichtet gewesen, um die Hand der Frau bei den Eltern anzuhalten. Allerdings galt nach der Erlaubnis dieser die Verpflichtung, ein Brautgeld zu zahlen, damit die Eheschließung vollzogen werden konnte. Darüber hinaus habe es auch Ehen gegeben, in denen der Ehemann den Wunsch anstrebte, ein Kind von besonders edlem und vornehmem Blut zu haben. Um diesen Wunsch zu entsprechen, sei die Frau gewissermaßen ausgeliehen worden, so dass sie sich von einem anderen Mann schwängern ließ.[18] Demzufolge lässt sich die Ausübung einer patriarchalischen Form der Ehe erkennen, wobei die Frau als Objekt klassifiziert wurde. In der dritten Form habe eine Frau mit maximal zehn Männern den Geschlechtsakt vollzogen, und wenn daraus eine Schwangerschaft resultierte, so habe sie einige Tage nach der Entbindung ohne jeglichen Nachweis festgelegt, wer der Vater des Kindes sei. Dieser sei gezwungen gewesen, die Vaterschaft anzuerkennen.[19] Folglich ergab sich für weibliche Personen die Freiheit zur Bestimmung über den eigenen Körper, die Sexualität und die Abstammung des Kindes.[20]

Abschließend beschreibt Aischa die Frauen, die sich als Prostituierte bekannt gaben, indem sie über ihre Haustür eine Fahne als Zeichen für die Männer aushingen und sich demnach von Interessenten befruchten ließen. Nach der Entbindung habe sie alle Männer und Physiognomen zusammengerufen, damit die Letzteren das Neugeborene dem Mann zuordnen konnten, in dem sie den Vater des Kindes sahen. Dieser sei zur Annahme der Vaterschaft verpflichtet gewesen.[21]

Wir erhalten keine Auskunft darüber, ob die Frauen, die ein Kind von einem fremden Mann austrugen, diesen tatsächlich heiraten mussten; dies stünde im Widerspruch zu dem damaligen

---

[15] Al-Sheha, S. 20
[16] Schneider, S. 31
[17] Al-Sheha, S. 20
[18] Sahih al-Bukhari: Nachrichten von Taten und Aussprüchen des Propheten Muhammad, S. 342f.
[19] Al-Bukhari, S. 343
[20] Schneider, S. 22f.
[21] Al-Bukhari, S. 342f.

Verbot des Mitspracherechts der Frauen über ihre zukünftigen Ehemännern.[22] In Folge dessen ist es fraglich, ob diese Beziehungsformen als Formen der Ehe bezeichnet werden können. Wichtig jedoch ist zu erwähnen, dass viele Historiker der Ansicht sind, die damaligen Sitten und Bräuche seien aus der neu entstandenen islamischen Sicht betrachtet worden. Aus diesem Grund könnten durchaus viele Überlieferungen unzuverlässig, lückenhaft sowie widersprüchlich sein.[23] Darüber hinaus geht aus dem Koran, Sure 6, Vers 139, das Verzehrverbot von bestimmten Speisen für die Frauen in der vorislamischen Zeit hervor, die ausschließlich für die Männer vorgesehen waren. Ein Anrecht auf das Erbe wurde Frauen mit dem Argument verweigert, sie seien nicht in der Lage dazu, ihren Stamm zu verteidigen.[24]

Außerdem berichten einige Quellen, in der Ehe sei die unbegrenzte[25] Verstoßung der Frau vom Mann ausgegangen,[26] während eine weitere Quelle ergänzt, man hätte als Mann das Recht gehabt, die Frau je nach Gefallen sogar umzubringen, ohne dass man zur Rechenschaft gezogen wurde.[27] Auch mussten Frauen in einigen Fällen ein Lösegeld für ihr Leben und ihre Freiheit bezahlen, bevor sie nach einer Scheidung das Haus verlassen durften. Eine Wiederverheiratung nach der Trennung war ihnen verboten.[28] Wenn der Ehemann jedoch noch während der Ehe gestorben war, so war sie dazu verpflichtet, im Stil der Leviratsehe, sich mit dem Bruder des verstorbenen Ehegatten trauen zu lassen.[29]

Der Islam betrachtete diese vorislamische Lebensweise als Zeit der großen Unwissenheit und bevorzugte daher eine größere Vereinheitlichung.

3.2 Die Stellung der Frau im Islam

Im Folgenden wird nun die Frauenrolle innerhalb des Islams herausgearbeitet, wobei ebenfalls in einigen Punkten die Unterdrückung in den Blick genommen wird. Da jedoch der Islam einige seiner Normen an die damaligen Verhältnisse anknüpft, ist es u.a. erforderlich, die bereits erfolgte Einordnung in den historischen Kontext nicht auszublenden, sodass mögliche Verständnisschwierigkeiten vermieden werden können. Des Weiteren könnte aufgrund des breiten Spektrums dieses Aspektes relativ einfach die Übersicht der Facharbeit verloren gehen, weswegen die zu analysierenden Themenbereiche nochmals untergliedert werden.

---

[22] Al-Sheha, S. 18
[23] Schneider, S. 17
[24] Al-Sheha, S. 18
[25] Schneider, S. 23
[26] Schneider, S. 20
[27] Cemaleddin Hocaoglu Kaplan, Stellung der Frau im Islam und ihre Besonderen Zustände, 1996, S. 22
[28] Al-Sheha, S. 18
[29] Schneider, S. 23

3.2.1 Die Gleichstellung der Geschlechterrollen

Die Gleichstellung von Mann und Frau ist ein oft diskutiertes Thema, bei dem viele das männliche Geschlecht durch die Regelungen des Islams bevorzugt sehen. Der Islam hingegen behauptet, es gebe eine Gleichwertigkeit der Geschlechter[30], wobei diese keine absolute Gleichheit impliziert. Die Ungleichheit ist mit dem biologischen Unterschied zwischen Mann und Frau begründet, da nach dem Islam jedes Geschlecht seiner Natur entsprechend eigene Verantwortlichkeiten hat.[31] Dessen ungeachtet wurden sie aus derselben Seele erschaffen[32] und werden an mehreren Stellen im Koran als „Paare" beschrieben.[33] So sagt Allah im Koran:

> „Er hat euch Menschen und auch die Herdentiere zu Paaren gemacht und dadurch bewirkt, dass ihr euch auf der Erde verbreitet."[34]

Die religiösen Rechte und Pflichten hingegen sind beiden Geschlechtern auferlegt, sodass das Erreichen des Paradieses für alle Muslime möglich ist.[35]

Dessen ungeachtet lassen sich aus den Regelungen der körperlichen Reinigung physische Ungleichheiten ableiten. Zwar gelten beide Geschlechter als unrein, wenn sie sich vor dem Gebet nicht reinigen oder nach dem Geschlechtsverkehr die große rituelle Waschung auslassen, dennoch befindet sich die Frau zusätzlich während ihrer Menstruation oder im Wochenbett im Zustand der Unreinheit.

In dieser Zeit ist sie sowohl von der Pflicht des fünfmaligen Gebets als auch des Fastens im Monat Ramadan befreit.[36] Zunächst lässt es sich nicht vermeiden zu meinen, dass an diesem Beispiel eine große Ungerechtigkeit erkennbar ist. Der Islam hingegen definiert diese Regelung als eine Erleichterung für die Frauen, da diese beispielsweise während ihrer Menstruation Schmerzen ausgesetzt sind und die Auflegung von Pflichten nur eine Doppelbelastung darstellen würde.[37] Also ist sie für eine Zeit nicht dazu verpflichtet sich Allah zuzuwenden, dennoch ist ihr die Möglichkeit gegeben, anderweitig im Gottesdienst zu sein, indem sie beispielsweise Bittgebete spricht. Für die allgemeine Zulassung zum fünfmaligen Gebet und zum Fasten ist sie jedoch dazu verpflichtet, die große rituelle Waschung zu vollziehen.[38] Des Weiteren wurde die vorislamische Sitte der Diskriminierung von neugeborenen Mädchen durch den Koran verboten[39], sodass diese genauso viel Wert wie neugeborene Jungen erhielten.

---

[30] Schneider, S. 67
[31] Schneider, S. 67
[32] Abu-r-Rida' Muhammad ibn Ahmad ibn Rassoul, Al Qur'an Al Karim, 2014, Sure 4, Vers 1
[33] Ibn Rassoul, Sure 2, Vers 187, Sure 30, Vers 21 und Sure 42, Vers 11
[34] Ibn Rassoul, Sure 42, Vers 10
[35] Ibn Rassoul, Sure 4, Vers 124
[36] Schneider, S. 49
[37] http://www.enfal.de/fragfrau.htm, aus dem Internet entnommen am 25.01.2015
[38] Schneider, S. 50
[39] Al-Sheha, S. 28

Der Koran thematisiert diese Sitte folgendermaßen: In der Sure 16, Vers 58f. beschreibt Allah das Verhalten der Väter, wenn sie eine Tochter bekamen, wie folgt:

> „Und wenn einem von ihnen die Nachricht von (der Geburt) einer Tochter überbracht wird, so verfinstert sich sein Gesicht und er unterdrückt den inneren Schmerz. Er verbirgt sich vor den Leuten aufgrund der schlimmen Nachricht, die er erhalten hat: Soll er sie behalten trotz der Schande, oder (soll er sie) in der Erde verscharren? Wahrlich, übel ist, wie sie urteilen!"

Allah legt den Muslimen ein Verbot des Vergrabens lebendiger Mädchen auf, wofür man zur Rechenschaft gezogen werden würde.[40] Die Ablehnung erklärt er als schlechte Sitte[41] und warnt die Muslime in der Sure 17, Vers 31 nochmals auf folgender Weise:

> „Und tötet eure Kinder nicht aus Furcht vor Armut; Wir sorgen für sie und für euch. Wahrlich, sie zu töten ist ein großes Vergehen."

Des Weiteren gelten für beide Geschlechter die muslimischen Tugenden, wie zum Beispiel Demut, Aufrichtigkeit, Geduld, Bescheidenheit und Keuschheit.[42]

Bei der Thematisierung dieser Tugenden fällt im Koran besonders die häufige Betonung der Keuschheitsgebote auf, weshalb diese als besonders wichtig gelten. Zugleich wird der Verstoß gegen das genannte Gebot relativ hart bestraft, sodass beim unerlaubten Geschlechtsverkehr (arab. Zina) für beide Geschlechter 100 Peitschenhiebe vorgesehen sind. Bevor diese Strafe erfolgt, muss laut der Scharia die Unzucht von vier männlichen Personen bezeugt werden. Damit aber niemand auf die Idee kommt, jemanden unrechtmäßig zu beschuldigen, gelten alle Zeugen als Verleumder, wenn nur einer von diesen diese Tat nicht anerkennt. So hat man es bei einer unbewiesenen Beschuldigung mit einer Strafe von 80 Peitschenhieben zutun.[43] Gleichermaßen werden Homosexualität sowie Vergewaltigungen gehandhabt, für welche ebenfalls Beweise vorzubringen sind.[44] Zudem begegnet man oftmals der Aussage, man werde aufgrund dieses Verstoßes gesteinigt, obwohl die Steinigung eine vorislamische Tradition darstellt und im Koran keine Erwähnung findet.[45] Bei der Beschreibung dieser Gesetzmäßigkeit wurde die Voraussetzung vierer männlicher Zeugen erwähnt. Dazu stellt sich die Frage, weshalb das Gericht in solchen Angelegenheiten eher männliche als weibliche Aussagen fordert.

Die allgemeine Festlegung dafür findet sich in der Sure 2, Vers 282, in der die Zeugenaussagen von Frauen im Prozessrecht nur zur Hälfte gewertet werden.

---

[40] Ibn Rassoul, Sure 81, Vers 28
[41] Ibn Rassoul, Sure 16, Vers 57
[42] Schneider, S. 48
[43] Ibn Rassoul, Sure 24, Vers 2-5
[44] Schneider, S. 87
[45] Schneider, S. 41

Raga' El-Nimr, eine ägyptische Islamwissenschaftlerin und Hochschullehrerin in London, gibt als Grund für diesen Vers die stärkere Emotionalität der Frau an und betont, die Frau sei daher nicht rational genug.[46]

Obwohl die Geschlechter im ökonomischen Bereich gleichgestellt sind[47], finden sich beim Erbrecht erneut Differenzen. Denn obwohl der Frau durch den Islam zum ersten Mal Erbe zugesprochen wurde, erhalten sie nur die Hälfte der Männer.[48] Während viele dies eventuell als eine Unterordnung der Frauen auffassen würden, sieht der Islam anscheinend in dieser Festlegung keine Ungerechtigkeit. Begründet wird dies durch die hohen Ausgaben der Männer, welche die Versorgung der Familie gewährleisten müssen, sodass aus islamischer Sicht wiederum ein gewisser Ausgleich entsteht.[49] Im Übrigen enthalte das Leben nach dem Tod keinerlei geschlechtsspezifische Unterschiede, weshalb die Schilderung des Paradieses mit Jungfrauen für die Männer mit den zeitgebundenen vorislamischen Vorstellungen der Araber zu erklären sei und daher nicht wörtlich verstanden werden dürfe.[50] Die Geschlechterrollen werden aber besonders in der Ehe deutlich.

3.2.2 Die Heirat

Im Islam gilt die Ehe als äußerst empfehlenswert, da man durch sie unter anderem das Wohlgefallen Allahs gewinnt.[51] Außerdem betont auch der Prophet Mohammed die Wichtigkeit der Eheschließung in dem folgenden Hadith:

„Wenn einer heiratet, so hat er die Hälfte seines Glaubens vervollständigt."[52] Anders aber als die westliche Regelung des Mindestalters für eine Trauung, orientiert diese sich im Islam an der Pubertät. Die Verheiratung von pubertierenden Mädchen und Jungen beschreibt eine Kinderheirat, wobei diese Regelung in den historischen Kontext des Islams eingebettet werden muss. So handelt es sich größtenteils um die Übernahme des Gewohnheitsrechtes der Araber vor der Verkündung des Islams, in der eine äußerst frühe Eheschließung keine Seltenheit darstellte.[53] er Islam hob diese Regelung dennoch nicht auf, sondern setzte nur ein Mindestalter fest.

---

[46] Schneider, S. 68
[47] Ibn Rassoul, Sure 4, Vers 32
[48] Ibn Rassoul, Sure 4, Vers 11f.
[49] Al-Sheha S. 72f.
[50] Schneider, S. 63
[51] Sir Muhammad Zafrullah Khan, Die Frau im Islam, 2011, S. 13
[52] https://sites.google.com/site/islamjnobinet/home/vorzuege-der-ehe, aus dem Internet entnommen am 26.01.2015.
[53] Schneider, S. 31

Des Weiteren besteht in den meisten Fällen die wichtigste Voraussetzung der Trauung in der Vormundschaft eines Verwandten ersten Grades, welcher in der Regel der Vater ist.[54] Dazu lässt sich sagen, dass man häufig hört, dass heutzutage in muslimischen Familien die Eltern einen Ehepartner für die Tochter bestimmten, ohne nach ihrer Meinung gefragt zu haben. Diese Vorgehensweise stellt den Entzug des Mitspracherechts der Tochter dar und widerspricht somit gegen die der islamischen Lehre, welche besagt, das entscheidende Wort habe die heiratende Person zu fällen.[55] Weiterhin stößt man bei der Thematisierung der islamischen Heirat immer wieder auf die kritisch betrachtete Polygamie. Wie bereits erwähnt, ist diese eine Tradition aus der vorislamischen Zeit,[56] die der Islam nicht abschaffte; er reduzierte jedoch die zuvor unbegrenzte Anzahl auf eine maximale Anzahl von vier Ehefrauen.[57] Nach dem Islam erhält jedoch ausschließlich das männliche Geschlecht das Recht auf eine polygame Ehe, wobei sich aus der Sure 4,Vers 3 folgendes über die Mehrehe schließen lässt:

„[…]Doch wenn ihr fürchtet, sie nicht gleich behandeln zu können, dann (heiratet) eine oder was im Besitz eurer rechten (Hand ist). So könnt ihr am ehesten Ungerechtigkeit vermeiden."

Dennoch ist uns bekannt, dass Mohammed mehr als vier Ehefrauen gehabt haben soll. Dies beschreibt aber keine Übertretung des islamischen Gesetzes, da er nicht mit mehr als vier Frauen zur selben Zeit verheiratet war.[58]

Zudem berichtet Aisha, der Prophet habe einst gesagt:

„Derjenige, der zwei Frauen hat und unter ihnen nicht Gerechtigkeit, Anstand und Gleichheit zeigt, wird am Tag der Auferstehung mit einer gelähmten Seite kommen." [59]

Obwohl für beide Geschlechter alle Verwandten ersten Grades als unzulässige Ehepartner gelten, hat der Mann konträr zur Frau eine größere Freiheit bei der Auswahl der Ehepartner. Während diesem die Verheiratung mit nicht-muslimischen Frauen erlaubt ist, [60] dürfen muslimische Frauen keinen andersgläubigen Mann heiraten.[61] Zur Begründung wird u.a. das Argument verwendet, es liege im Interesse des Islams, möglichst viele muslimische Nachkommen zu zeugen, was schwerer durchsetzbar sei, wenn der Vater der Kinder nicht der

---

[54] Schneider, S. 77
[55] http://www.islamweb.net/grn/?page=articles&id=151521, aus dem Internet entnommen am 26.01.2015.
[56] Al-Sheha, S. 18
[57] http://www.focus.de/wissen/mensch/religion/islam/islamlexikon/heirat_aid_12279.html, aus dem Internet entnommen am 02.02.2015
[58] http://dawah.de/die_muetter_der_glaeubigen/die_frauen_des_propheten.htm, aus dem Internet entnommen am 03.02.2015
[59] Dieser Hadith wird bei Tirmidhi berichtet., http://womeninislam.ws/de/nachte_verbringen_und_sexuelle_erfullung.aspx, o.V. Nächte verbringen und sexuelle Erfüllung, aus dem Internet entnommen am 03.02.2015
[60] Ibn Rassoul, Sure 5, Vers 5
[61] Ibn Rassoul, Sure 2, Vers 221

islamischen Religion zugehörig ist. [62] Im Übrigen bedarf es zur Schließung eines Ehebündnisses der Zahlung eines gewissen Betrags als Brautgeld,[63] dessen genaue Summe aufgrund der Berücksichtigung verschiedener Kriterien, wie zum Beispiel die finanzielle Situation der Familie des Mannes, nicht festgelegt ist.[64] Anders als im vorislamischen Arabien liegt das Recht des Geldes nicht bei der Familie oder dem Vater, sondern bei der Braut selbst.[65] Allerdings wird das Zahlen des Brautgeldes oft als Kauf der Braut interpretiert, wobei damit aus islamischer Sicht eine gewisse finanzielle Unabhängigkeit der Frau gesichert werden soll.[66] Darüber hinaus geht aus der Scharia ein gesetzliches Recht auf Unterhalt hervor, welcher unter anderem Essen, Kleidung, Unterkunft und medizinische Aufwendungen beinhaltet.[67] Allerdings hat der Ehemann das Recht, von seiner Frau Gehorsam zu verlangen, sodass er ihr im Falle des Ungehorsams sogar den Unterhalt entziehen darf. Die Missachtung seines Rechtes auf Gehorsam ist nur dann legitim, wenn dieser gegensätzlich zum Islam handelt.[68] Dennoch ist es dem Mann verboten, sich über die Frau zu stellen, indem er beispielsweise in ihrem Namen finanzielle Entscheidungen trifft und sie auf diese Weise in ihrer Entscheidungsfreiheit einschränkt.[69] Hinzufügend wird die Leviratsehe nach dem Tod des Ehemannes im Islam verboten.[70] Folglich berichtet Tirmidhi über den Umgang zwischen Mann und Frau wie folgt:

> „Die vollkommensten Gläubigen in Glaubensdingen sind die, die das sittlichste Benehmen besitzen. Die besten von euch sind die, die am besten zu ihren Frauen sind."[71]

Letztlich ist festzuhalten, dass der Islam sowohl die Rolle der Frau als auch die des Mannes in der Ehe klar definiert hat, sodass trotz individueller Verantwortlichkeiten, Pflichten und Einschränkungen eine Ehe möglichst islamgerecht funktionieren kann.

---

[62] Entnommen aus: http://www.islamisches-zentrum-muenchen.de/html/islam_-_frau_und_familie.html#07, o.V. Islamisches Zentrum München, aus dem Internet, am 03.02.2015
[63] Ibn Rassoul, Sure 4, Vers 4 oder Sure 4, Vers 24
[64] Schneider, S. 77
[65] Schneider, S. 36
[66] Schneider, S. 36
[67] Schneider, S. 77
[68] Schneider, S. 68
[69] http://womeninislam.ws/de/nachte_verbringen_und_sexuelle_erfullung.aspx, aus dem Internet entnommen am 03.02.2015
[70] Ibn Rassoul, Sure 4, Vers 19
[71] http://islam-deutschland.info/forum/viewtopic.php?p=159296, aus dem Internet entnommen am 05.02.2015

3.2.3 Die Scheidung

Wenn Ehepartner untereinander viele Uneinigkeiten erfahren, welche zu großen Auseinéandersetzungen führen, so wird in der Regel eine Scheidung als das einzig Richtige betrachtet. Der Islam aber empfiehlt hinsichtlich dieser Angelegenheit, soweit es geht den Versuch anzustreben, die Ehe aufrechtzuerhalten.

So sagt Allah im Koran:

> „Und wenn eine Frau von ihrem Ehemann rohe Behandlung oder Gleichgültigkeit befürchtet, so soll es keine Sünde für beide sein, wenn sie sich auf geziemende Art miteinander versöhnen; denn Versöhnung ist gut." [72]

Hier wird ein moralischer Vorschlag beschrieben, woraus jedoch keine Pflicht hervorgeht. Gleichwohl darf die Ehefrau zwar eine Scheidung beantragen, wobei das endgültige Beenden des Ehelebens im Rechte des Mannes liegt. Der Islam sieht als Grund dafür vor, dass der Mann im Gegensatz zur Frau seine Launen, Gefühle und Reaktionen bei Streitigkeiten eventuell besser kontrollieren könne. Dieser darf die Scheidung dennoch nicht als erste Lösung heranziehen. Die Frau hat nur dann das Recht auf eine Scheidung, wenn diese vor der Eheschließung eine eheliche Trennung ihrerseits vereinbart hat. Doch auch dabei kann der Mann ein Hindernis darstellen, indem er diesem Antrag nicht zustimmt. [73]

Nach der endgültigen Festlegung auf eine Scheidung kann diese, anders als in der modernen Demokratie, in drei verschiedenen Formen geschehen:

Die erste Variante ist die Verstoßung, welche in der vorislamischen Zeit unbegrenzt war, im Islam hingegen auf eine Anzahl von zwei beschränkt ist.

Die zweite ist die gegenseitige Übereinkunft, während die letzte Möglichkeit für das Beenden der Ehe die gerichtliche Anordnung ist. Die Beantragung dieser wird zu allermeist von Frauen durchgeführt, welche durch ihren Ehemann zum Beispiel physischen oder psychischen Schaden erfahren oder benachteiligt werden. [74] Sollten beide Ehepartner sich trotz gemeinsamen Kindes für eine Scheidung entschieden haben, wird der Mann keineswegs von seinen väterlichen Pflichten befreit. Er hat also die Verpflichtung, sowohl Unterhalt für das Kind zu zahlen als auch diesem stets seine Hilfe anzubieten. [75]

Außerdem geht aus dem Koran, Sure 2, Vers 234 eine Ungleichheit der Geschlechter hervor, da die geschiedene Frau im Gegensatz zum Mann nicht sofort eine neue Ehe eingehen darf. Es wird eine Wartezeit von drei Menstruationsperioden vorgesehen, die für eine Ausschließung einer Schwangerschaft von ihrem Ehemann vor der Neuverheiratung dienen

---

[72] Ibn Rassoul, Sure 4, Vers 128
[73] Al-Sheha, S. 81
[74] Schneider, S. 80f.
[75] Al-Sheha, S. 81

soll. In dieser Zeit ist es ihr auch nicht gestattet zu verkehren, damit im Falle einer Gravidität die Abstammung des Kindes gesichert ist.[76]

3.2.4 Die Verschleierung

Die Verschleierung der muslimischen Frauen gilt als Hauptkritikpunkt gegen den Islam und wird oftmals als Symbol der Unterdrückung interpretiert, während im Gegensatz dazu die körperliche Freizügigkeit heutzutage in westlichen Gemeinschaften als größte Freiheit des Individuums angesehen wird. Wenn dies so ist, was will der Islam dann mit der Verschleierung bezwecken? Dient sie tatsächlich als Symbol der Unterdrückung, Unterlegenheit und Einschränkung?

Im Koran findet sich über die Bedeckung der Frau folgende Aussage:

> „Oh Prophet! Sprich zu deinen Frauen und deinen Töchtern und zu den Frauen der Gläubigen, sie sollen ihre Übergewänder reichlich über sich ziehen. So ist es am ehesten gewährleistet, dass sie dann (als fromme Frauen) erkannt und nicht belästigt werden. Und Allah ist Allverzeihend, Barmherzig." [77]

Um jedoch die genauen Antworten auf die gestellten Fragen zu bekommen, muss der Ursprung dieses Verses betrachtet werden. Dieser hat seine Wurzeln in der Aussage des späteren zweiten Kalifen Umar Ibn Al-Khattab, welcher einst zu Mohammed sagte, dass zu den Frauen sowohl der Rechtschaffene als auch der Schamlose käme. Dabei sprach er den Wunsch aus, ihnen befehlen zu können, sich zu bedecken. Anschließend wurde diese Passage in Medina kurz nach der Auswanderung im 7. Jahrhundert offenbart.

Nach der Koranauslegung von Ibn Rassoul seien die Gewänder von besonderer Wichtigkeit gewesen, da diese sich von denen der Frauen in vorislamischer Zeit unterschieden und sie zusätzlich vor Schaden und Belästigungen unter den in Medina herrschenden Zuständen bewahrten. Anhand des Gewandes habe man der Frau Respekt und Hochachtung zuteilwerden lassen und sie als keusche Frau erkannt. Diese Pflicht wurde den muslimischen Frauen jedoch nicht zeitgebunden aufgelegt, sodass sie an jedem Ort und zu jeder Zeit Gültigkeit besitzt.[78]

Aus dem Korankommentar (Tafsir) ist somit auch zu entnehmen, dass die Verschleierung als Mittel dient, die Religion offenkundig preiszugeben und um einen gewissen Schutz zu erfahren. Durch das Gewand müssen alle Körperteile bis auf die Hände und das Gesicht bedeckt werden. Die muslimische Frau darf ausschließlich ihrem Ehemann und einem sie behandelnden Arzt ihren Körper zeigen.

---

[76] Schneider S. 46
[77] Ibn Rassoul, Sure 33, Vers 59
[78] Abu-r-Rida' Muhammad Ibn Ahmad Ibn Rassoul, Tafsir Al-Qur'an Al-Karim, 2003, S. 974

Es ist im Interesse des Islams, dass die Frau sich nach außen nicht auffällig oder reizbar kleidet, sodass ihre Schönheit einzig und allein ihrem Ehemann bestimmt ist.[79] Ergänzend dazu wurde folgender Hadith berichtet:

> „Wenn eine Frau wohlriechende Düfte aufträgt und aus der Wohnung hinausgeht, um den anderen – fremden Männern - wohl zu riechen, so begeht diese Frau Ehebruch. Jedes Auge (das auf sie [mit Lust] blickt) begeht ebenfalls Ehebruch." [80]

Doch damit das Leben im reibungslosen Miteinander möglich ist, kann es nicht sein, dass nur ein Geschlecht Verantwortungen zu tragen hat.

Daher spricht Allah die Pflicht des Mannes folgendermaßen an:

> „Sprich zu den Gläubigen Männern, dass sie ihre Blicke zu Boden senken und ihre Keuschheit wahren sollen." [81]

Dies soll ebenfalls als Mittel dienen, die Ehe aufrechtzuerhalten, sodass der Mann sich nicht für andere Frauen interessiert, sich verführen lässt oder seine Liebe zur Ehefrau sich vermindert. Obwohl in diesem Vers nur von Männern die Rede ist, fügen andere Quellen hinzu, dass diese Pflicht auch für Frauen Gültigkeit besitzt.[82]

Dennoch denkt man bei einer Verschleierung direkt an die Frau im Islam, wobei auch der muslimische Mann dazu verpflichtet ist, sich zu bedecken. Daraus resultiert, dass es auch ihm untersagt ist, in der Öffentlichkeit unter anderem zu enge oder aufreizende Kleidung zu tragen.[83] Aus den Beschreibungen der Bedeckung von Mann und Frau lässt sich erkennen, dass beim weiblichen Geschlecht eine größere Einschränkung vorgeschrieben ist. Somit sticht ein ausführlicheres Gebot der Verschleierung der Frau heraus, welche ihr aus islamischer Sicht einen großen Schutz gewährleistet.[84]

3.2.5 Beruf und Bildung

Wenn von dem Recht der muslimischen Frau über Beruf und Bildung geredet wird, glauben viele zunächst, die Frau habe keine Berechtigung für diese und müsse allen Aufgaben im Haushalt nachkommen. Ganz so Unrecht hat man mit dieser Vorstellung nicht, denn die Hauptaufgabe der Frau im Islam besteht traditionell tatsächlich in erster Linie darin, ihr Haus zu versorgen, indem sie ihre Kinder aufzieht, während ihr Ehemann als finanzieller Hauptversorger der Familie gilt.[85] Zusätzlich ist sie aufgrund ihrer lebenslangen finanziellen Absicherung durch ihren Verwandten ersten Grades nicht dazu verpflichtet, einer beruflichen

---

[79] Kaplan, S. 135f.
[80] Kaplan, S. 138, berichtet von Nesei, Tirmidhi, Abu Dawud
[81] Ibn Rassoul, Sure 24, Vers 30
[82] Kaplan, S. 138f.
[83] Entnommen aus: http://www.religion-online.info/islam/themen/kleidung.html, aus dem Internet entnommen am 05.02.2015
[84] Ibn Rassoul, S. 974
[85] Al-Sheha, S. 76

Tätigkeit nachzugehen.[86] Dennoch unterstreicht der Islam die Wichtigkeit der Erziehung und der Bildung, welche als erstrebenswert gelten. Vor allem das Erlernen von Kenntnissen des Korans und der Sunna des Propheten werden als besonders wichtig betrachtet.[87] So waren beispielsweise zur Zeit des Propheten trotz der Geschlechtersegregation eine gemeinsame Lehre oder ein gemeinsames Studium möglich. Eine Frau als Lehrerin konnte männlichen Studenten Anweisungen geben und Autorität ausüben.[88] Um nochmals besonders auf die Ausübung der beruflichen Tätigkeit einzugehen, wird die Auslegung der Islamwissenschaftlerin El-Nimr herangezogen. Laut ihrer Herausarbeitung ist es der Frau nicht verboten, Arbeit zu suchen, jedoch müsse diese einige Kriterien erfüllen.[89] So müssen Frauen währenddessen den körperlichen Kontakt zu Männern vermeiden, sodass sie nur unter Frauen arbeiten dürfen. Begründet wird dies mit der Auffassung, die Vermischung beider Geschlechter stelle eine Bedrohung und Gefahr für die Sitten und moralischen Werte der Gesellschaft dar.[90] Zudem hat der gewünschte Beruf ihrer Natur zu entsprechen, sodass sie beispielsweise keine schwere Industriearbeit leisten oder auf längere Zeit in einer Militäreinheit kämpfen dürfen; kurz: sie dürfen keine Tätigkeiten ausüben, welche eher von Männern erfüllt werden.[91]

Obwohl die Ungleichheit durch die biologische Natur bereits ausgeführt wurde, stellt sich trotzdem die Frage, weshalb einige Berufe nur den Männern vorbehalten sind. Eine konkrete Antwort findet sich auf die Frage nicht, dennoch ist es der Frau verboten, Berufe, wie in der Kanal- und Straßenreinigung oder im Straßenbau, auszuüben, da diese sie entehren würden.[92]

Aus dem Leben der weiblichen Gefährten des Propheten, welche die Muslimas als Vorbild betrachten sollten, lässt sich ableiten, dass man durchaus in die Politik gehen darf. Denn die Tochter des Propheten Fatima sei zwar politisch sehr passiv, seine Ehefrau Aischa dagegen sehr aktiv gewesen. Dennoch hatten beide ein sehr nahes Verhältnis zum Gesandten und gelten in ihren Verhaltensweisen als vorbildlich.[93]

---

[86] Al-Sheha., S. 78
[87] Schneider, S. 203
[88] Schneider, S. 204
[89] Schneider, S. 68
[90] Al-Sheha, S. 76f.
[91] Al-Sheha, S. 78
[92] Al-Sheha, S. 78
[93] Schneider, S. 32f.

3.2.6 Unterdrückerischer Vers

Eine der größten Formen von Unterdrückung stellt die körperliche Gewalt dar, welcher gleichzeitig auch eine psychische beinhaltet. Im Koran aber stehen viele Verse, die zunächst auf eine Unterdrückung hindeuten. Unter anderem erfahren wir an mehreren Stellen die Legitimation der körperlichen Gewalt gegenüber der Ehefrau. Als Beispiel wird folgender Vers herangezogen:

> „Und jene, deren Widerspenstigkeit ihr befürchtet, ermahnt sie (zuerst), meidet sie im Ehebett und schlagt sie (leicht, wenn es nützlich ist)! Wenn sie euch dann gehorchen, so sucht gegen sie keine Ausrede. Wahrlich, Allah ist Erhaben und Groß." [94]

Dieser Vers thematisiert die Befürchtung des Ungehorsams der Ehefrau, in dem zur Behebung dieses „Problems" stufenweise drei Stadien zur Lösung beschrieben werden. Das erste Stadium ist die Ermahnung, welche die Ehefrau daran erinnert, wie wichtig es sei, den Anweisungen des Mannes zu gehorchen. Wenn diese weiterhin nicht gehorsam ist, so soll sie nach dem zweiten Stadium im Bett gemieden werden und eine Verweigerung des Geschlechtsverkehrs erfahren. Wenn die Situation immer noch erfolglos erscheint, so kommt es zum dritten Stadium. Zur Interpretation dieses Versabschnittes ist zunächst die Wortbedeutung von „schlagen" (arab. Daraba) zu beachten, da die Vielfältigkeit der arabischen Sprache uns einen großen Interpretationsspielraum bietet. In der Übersetzung dieses Wortes erhalten wir aber einen Ausnahmefall, denn die wörtliche Bedeutung lautet entweder „körperliche Züchtigung" oder „schlagen".[95] Demnach laufen beide Übersetzungen auf dasselbe hinaus; in unserem Fall übersetzt Ibn Rassoul das Wort mit „schlagen". Nun stellt sich die Frage, weshalb der Islam, welcher ohnehin schon behauptet, die Frau sei physisch schwächer, die körperliche Gewalt ihr gegenüber legitimiert. Es tauchen weitere Unklarheiten auf, beispielsweise wie und vor allem wo das Schlagen erfolgen soll. Der Islam beabsichtige mit der Legitimation der Gewalt jedoch keine Unterdrückung, da sie als Disziplinierung, Schulung und Erziehung diene.[96] Die Frau darf währenddessen nicht verletzt werden, d.h. das Brechen von Knochen, das Hinterlassen von blauen sowie schwarzen Flecken auf ihrem Körper, wie auch das Treffen des Gesichts sind verboten.[97] Der Islam hat anscheinend eine völlig andere Definition von körperlicher Züchtigung, da diese Art und Weise nicht mit unserem heutigen Verständnis dieser Thematik übereinstimmt. Diese Aussage unterstützend vergleicht ein muslimischer Autor namens Abdurrahman Al-Sheha die körperliche Gewalt in der Passage mit einem Klaps, welchen man dem Kind gibt, wenn dieses

---

[94] Ibn Rassoul, Sure 4, Vers 34
[95] Schneider, S. 59
[96] Al-Sheha, S. 89
[97] Al-Sheha, S. 88

19

etwas Falsches tut.[98] Zudem wird berichtet, dass ein Gefährte des Propheten, seine Frau mit einem „Siwak" schlug. Dies ist ein Holzstäbchen, welches zum Zähneputzen gebraucht wurde. Geschlagen werden darf sie jedoch nicht, wenn sie den Willen zur Scheidung hat. Zusätzlich geht noch aus dem Vers hervor, sobald die Frau ihm gehorche, dürfe er keine Ausrede gegen sie verwenden und sie weiterhin schlagen.[99] Aufgrund dieser Ansicht interpretieren viele Korankommentatoren, unter anderem Ibn Rassoul, die Legitimation des Schlagens im Koran nicht als Unterdrückung, während westliche Beobachter eventuell eine andere Meinung vertreten.

3.3 Der Islam in Saudi-Arabien und in der Türkei: Untersuchung am Beispiel der Züchtigung der Frau

Um nun die Realität in Anbetracht zu ziehen, werden zwei islamisch geprägte Länder am Beispiel der körperlichen Gewalt gegenüber der Frau untersucht. Obwohl die ausgewählten Beispielländer nach außen äußert unterschiedlich wirken, weisen sie viele Gemeinsamkeiten auf. Auf der einen Seite steht das Königreich Saudi-Arabien, welches als Regierungssystem die absolute Monarchie unter dem König Salman etabliert hat. Die Scharia ist in der Verfassung verankert, jedoch in einer abgewandelten Auslegung, wodurch einige Regelungen im Gegensatz zum islamischen Regelwerk stehen. Der Grund hierfür liegt in der Prägung durch die islamischen Strömungen der Salafiyya bzw. der Wahhabiten.[100] Auf der anderen Seite steht die Türkei, welche nach dem Sturz des Kalifats unter Mustafa Kemal Atatürk im Jahre 1923 eine demokratische Republik wurde, die heute von dem muslimischen Präsidenten Erdogan regiert wird.[101] Folglich stehen sich zwei Staaten mit völlig unterschiedlichen Prinzipien gegenüber, dennoch sind beiderseits trotz der verschiedenen Staatsformen Tendenzen zur Duldung von Gewalt erkennbar. Im Weiteren wird genauer auf die genannte Problemstellung eingegangen.

---

[98] Al-Sheha, S. 89
[99] Al-Sheha, S.88f.
[100] Entnommen aus: http://de.wikipedia.org/wiki/Saudi-Arabien#Staatsoberhaupt, aus dem Internet entnommen am 07.02.2015
[101] Entnommen aus: http://de.wikipedia.org/wiki/T%C3%BCrkei, aus dem Internet entnommen am 07.02.2015

3.3.1 Saudi-Arabien

Die häusliche Gewalt beschreibt den Alltag vieler Frauen in Saudi-Arabien. Nach dem Human Rights Report erfährt fast jede zweite Frau körperliche Gewalt von ihrem Ehemann. [102] Die meisten von diesen besitzen jedoch keinen Mut, offen über diese Problematik zu sprechen, daher beklagen sich nur die Wenigsten. Sie können sich nicht einmal an ihre Eltern wenden, da diese sie wahrscheinlich aufgrund der Angst vor der Schande ablehnen werden. So könnte man sich eventuell Schutz vom Staat versprechen, da dieser Mitglied der Vereinten Nationen (VN) ist und sich an die Allgemeine Erklärung der Menschenrechte zu halten hat. So legt der Artikel 36 der allgemeinen Menschenrechtserklärungen bezüglich dieser Thematik folgendes fest:

> „Der Staat sorgt für die Sicherheit aller Bürger und Einwohner. Niemand hat das Recht, jemanden in seiner Freiheit einzuschränken (..).“[103]

Doch trotz der formellen Regelung missachtet die saudische Regierung ihre internationale Verpflichtung. Obwohl die saudische Regierung der genannten Regelung zustimmte, verweigerte sie öffentlich das UN-Übereinkommen, welches besagt, jede Art von Diskriminierung der Frau zu beseitigen (CEDAW), zu unterzeichnen.[104] Zudem findet sich keine Veröffentlichung der Behörden von Statistiken über Männer, die aufgrund des Schlagens ihren Frauen gegenüber strafrechtlich verfolgt werden.[105] Dennoch weckte 2013 die Erlassung eines Gesetzes zum Schutz von Frauen vor häuslichem Missbrauch Hoffnung auf Besserung, die jedoch schnell wieder zur Enttäuschung wurde. Denn auch diese Regelung fand in der Praxis keine Verwendung und die Behörden führten keine Kontrolle des Gesetzes durch.[106] Darüber hinaus existieren keine Einrichtungen wie zum Beispiel Frauenhäuser, welche die Frau schützen oder unterstützen. Diese Realität zeugt von einer starken Unterdrückung der Frau und verstößt zudem gegen die Maßstäbe des Islams, obwohl es sich um ein islamisch geprägtes Land handelt, welches den Laizismus nicht praktiziert. Wenn man die Schuldfrage in den Blick nimmt, so sind viele Feministinnen und Menschenrechtsorganisationen der Ansicht, mitschuldig sei auch die internationale

---

[102] http://www.state.gov/j/drl/rls/hrrpt/2012humanrightsreport/index.htm?year=2012&dlid=204381#wrapper, aus dem Internet entnommen am 15.02.2015

[103] http://www.amnesty.de/umleitung/2000/mde23/057?lang=de%26mimetype%3Dtext%2Fhtml, aus dem Internet entnommen am 15.02.2015

[104] http://www.un.org/womenwatch/daw/cedaw/text/econvention.htm, aus dem Internet entnommen am 15.02.2015

[105] https://www.amnesty.de/jahresbericht/2012/saudi-arabien, aus dem Internet entnommen am 15.02.2015

[106] https://www.amnesty.de/jahresbericht/2015/saudiarabien?destination=node%2F3005%3Fcountry%3D63%26topic%3D218%26no de_type%3D%26from_month%3D0%26from_year%3D%26to_month%3D0%26to_year%3D%26submit_x%3D78%26submit_y%3 D2%26submit%3DAuswahl%2Banzeigen%26result_limit%3D50%26form_id%3Dai_core_search_form#rechtevonfrauenundmdche n, aus dem Internet entnommen am 15.02.2015

Staatengemeinschaft, da sie lange Zeit zu der verzweifelten Menschenrechtslage in Saudi-Arabien schwieg.[107]

3.3.2 Türkei

Im Vergleich zu Saudi-Arabien erwartet man in einem demokratischen laizistischen Land die Beschränkung des häuslichen Gewaltverbrechens auf ein Minimum. Anders jedoch ist es in der Türkei, in der einer Studie zufolge im Jahr 2002 rund 58% der Frauen familiäre Gewalt erlitten.[108] Diese wurde nicht nur von Ehemännern, Verlobten, Freunden und Brüdern, sondern auch von Familienangehörigen des jeweiligen Mannes ausgeübt. Obwohl die staatlichen Akteure eingriffen, verhielten diese sich eher kontraproduktiv für die Rechte der türkischen Frauen. So machten sie mit der Unterstützung von bewaffneten Oppositionellen den Zugang von Frauen zur Justiz wegen Gewalt innerhalb der Familie nur schwerer.[109] Dennoch wurden einige Fälle vor Gericht thematisiert, jedoch blieben Verbrechen gegen Frauen, vor allem im südöstlichen Teil der Türkei, in dem viele kurdische Bürger leben, größtenteils unbestraft.[110] Nach einer anderen Studie sollen im Jahre 2003, allein in der Hauptstadt Ankara, 64% der Frauen Gewalt von ihren Männern erfahren haben.[111]

Neben der Verletzung zahlreicher Menschenrechte, brachte die Gewalt gegen Frauen auch indirekte Folgen für die Schulbildung junger Mädchen mit sich. Der Grund bestand darin, dass Lehrerinnen im Allgemeinen aus Angst vor Gewalt eher Stellen in der Stadt suchten, sodass weibliche Lehrkörper aufgrund der Vorschriften nur zu Beginn ihrer Berufskarriere ihren Dienst in ländlichen Gegenden ableisteten. Daraus folgten fehlende Rollenvorbilder für Heranwachsende in ländlichen Regionen, welche die Familien dazu anregen könnten, ihren Töchtern eine Schulbildung zu ermöglichen. Außerdem stellten Krisenzeiten eine besonders große Bedrohung für sie dar, da Frauen während und nach Konflikten überproportional von Gewalt betroffen waren und die Brutalität ebenfalls verstärkt wurde.[112]

Dieser Rückblick erzeugt ein äußerst unterdrückerisches Bild, dennoch sind viele Menschen der Ansicht, es handle sich dabei nur um die Vergangenheit. Das Gesetz §6284 des

---

[107] http://www.amnesty.de/umleitung/2000/mde23/057?lang=de%26mimetype%3Dtext%2Fhtml, aus dem Internet entnommen am 15.02.2015
[108] http://www2.amnesty.de/internet/deall.nsf/AlleDok/B0625E307C560829C1256EE700365EBD/$FILE/EUR440132004.pdf, aus dem Internet entnommen am 18.02.2015
[109] http://web.archive.org/web/20070927021326/http://www.amnesty.at/vaw/cont/laender/tuerkei/Tuerkei_SVAW_Bericht.pdf, aus dem Internet entnommen am 18.02.2015
[110] http://web.archive.org/web/20070927021326/http://www.amnesty.at/vaw/cont/laender/tuerkei/Tuerkei_SVAW_Bericht.pdf, aus dem Internet entnommen am 18.02.2015
[111] http://web.archive.org/web/20070927021326/http://www.amnesty.at/vaw/cont/laender/tuerkei/Tuerkei_SVAW_Bericht.pdf, aus dem Internet entnommen am 18.02.2015
[112] http://web.archive.org/web/20070927021326/http://www.amnesty.at/vaw/cont/laender/tuerkei/Tuerkei_SVAW_Bericht.pdf, aus dem Internet entnommen am 18.02.2015

türkischen Familienschutzgesetzes wertet diese Handlungen als Straftaten, obwohl keine aktiv eingreifende Instanz existiert. Ergänzend berichten in der Türkei lebende Menschen bezüglich dieser Problematik, dass die Situation der Frauen sich verbessert habe, wobei heute noch in der Praxis weiterhin Menschenrechtsverletzungen, Einschränkungen der Freiheit sowie der Meinungsäußerung und die Straflosigkeit der staatlichen Sicherheitskräfte bestehen.[113]

> „Er tut das offen vor der ganzen Gemeinde. Es ist schwer zu ertragen, wenn sie weinend vor ihrem Haus sitzt und Blut aus ihrem Mund rinnt. Jeder kann sehen und hören, wie er sie schlägt und misshandelt... Er drückt Zigaretten auf ihren Händen aus."[114]

---

[113] Eigene Verwandte aus Istanbul, telefonisches Gespräch am 26.02.20115
[114] http://web.archive.org/web/20070927021326/http://www.amnesty.at/vaw/cont/laender/tuerkei/Tuerkei_SVAW_Bericht.pdf, aus dem Internet entnommen am 18.02.2015

4 Auswertung der Umfrageergebnisse[115]

4.1 Vorstellen der Umfrage

Nachdem sowohl das theoretische System des Islams als auch die mangelhafte praktische Etablierung aufgezeigt wurden, wird im Folgenden wiedergegeben, wie die Menschen in Deutschland über den Islam und die Stellung der Frau innerhalb dieses Systems denken. Hierfür wird eine Online-Umfrage mit einer Teilnehmeranzahl von 303 Personen verwendet, die eine Laufzeit von einem Monat hatte. Von den Teilnehmern sind 44% weiblichen und 56% männlichen Geschlechts, wobei ein Drittel der Befragten unter 18 Jahren ist. Knapp die Hälfte aller Teilnehmer gehört dem christlichen Glauben an, während 38% der muslimischen und 3% der jüdischen Glaubensgemeinschaft zugehörig sind. Um erkennen zu können, ob die Befragten einen Bezug zum Islam haben, wurde in der Umfrage weiterhin nach Muslimen in im Freundeskreis gefragt, wobei lediglich 8% keine muslimischen Freunde hatten. Fragen, die zwingend beantwortet werden mussten, wurden als Pflichtfragen markiert. Ohne die Beantwortung dieser konnte nicht fortgefahren werden, wobei bis auf die genannten Informationen keine Fragen beantwortungspflichtig waren, sodass ein frühzeitiger Abbruch der Umfrage aufgrund von unnötigen Pflichtfragen vermieden werden konnte. Zudem bestand bei der Beantwortung einiger Fragen die Möglichkeit, eine Mehrfachauswahl zu treffen, sodass einige prozentualen Werte über 100% liegen.

4.2 Informationsquellen über den Islam

Um die nachfolgenden Ansichten nachzuvollziehen, muss die Herkunft dieser erst einmal bestimmt werden. Aus diesem Grund wurden in der Umfrage die persönlichen Informationsquellen bezüglich des Islams erfragt.

Circa 70% der Teilnehmer, von welchen die meisten dem christlichen Glauben angehören, entnehmen laut den Angaben ihre Informationen über den Islam hauptsächlich aus den Medien. Größtenteils handelt es sich bei diesen um Frauen über 18 Jahren. Zudem sind 84% der Meinung, die Medien würden eine große Macht über die Darstellung des Islams besitzen, da diese durch das schnelle Erreichen von zahlreichen Menschen die Hauptquelle aller Informationen darstellen und aufgrund dessen durch eine einseitige Berichterstattung großen Einfluss auf die Menschen ausüben würden. So sind viele Personen der Ansicht, man könne sich aufgrund der ungenügenden Darlegung von Informationen und Fakten in den Medien

---

[115] Persönliche Online-Umfrage: „Wieso wird die Frau im Islam mit der Unterdrückung verbunden?"

keine fundierte eigene Meinung bilden und übernehme daher manchmal zwangsweise die Meinung der Medien. Im Allgemeinen werden die Medien von den meisten Teilnehmern negativ bewertet, da diese aufgrund von großen Verallgemeinerungen die Ursache für große Unruhen in der Gesellschaft darstellen würden und somit beispielsweise Probleme wie die Islamophobie in die Welt setzen. Dennoch seien sie die einfachste Variante zur Beschaffung von Informationen, wobei diese meist nur negative Eindrücke hervorriefen. Trotzdem sei man gezwungen mehr oder weniger den Medien Glauben zu schenken und könne nicht verneinen, dass in jeder Berichterstattung ein bisschen Wahrheit stecke.

Des Weiteren verschafft sich knapp die Hälfte aller Befragten ihr Wissen über den Islam aus dem persönlichen Umfeld, während 26% ihre Kenntnisse aus der Schule erhalten. Grundsätzlich lässt sich bei Letzteren eine eher negativere Haltung gegenüber dem Islam feststellen, die besonders in den weiteren Aspekten der Umfrage deutlich werden.

Da aufgrund der Aktualität des Islams in vielen Unterrichtsfächern das Thema angesprochen wird, kann es durchaus möglich sein, dass die Jugendlichen sich durch die dauerhafte Allgegenwärtigkeit gestört fühlen. Dies könnte ein Grund für diese Haltung sein, wobei die Schule sicher keine negative Absicht dabei verfolgt. Die Wenigsten der Befragten zogen als Primärliteratur den Koran heran, wobei es sich bei diesen vorrangig um Muslime handelt, welche älter als 18 Jahre alt sind.

Schlussfolgernd stellen die Medien die Hauptquelle für Informationen dar, wobei die Berichterstattungen an sich negativ bewertet werden. Dennoch sind viele der Meinung, Medien hätten eine große Macht und könnten die Gedanken der Menschen einigermaßen lenken.

4.3 Geschlechterrollen im Islam

Um die Meinung der Menschen über die Frau im Islam zu erfahren ist die Beleuchtung des anderen Geschlechts ebenfalls von großer Wichtigkeit. So wurde in der Umfrage zum Teil erfragt, welche Begriffe den Befragten spontan einfallen, wenn sie an die Frau sowie den Mann im Islam denken. Nach der Auswertung gehen die Meinungen über die muslimische Frau relativ weit auseinander und stehen im Gegensatz zueinander. Denn während viele Teilnehmer Worte wie „Unterdrückung, Unterordnung, Hausfrau, Einschränkung" etc. verwendeten, gaben andere Begriffe wie „Liebe, Wertschätzung und Anstand" an. Die letzteren Beschreibungen gehen dabei primär von den Muslimen aus, wobei jedoch auch viele von diesen die muslimische Frau als eingeschüchtert und unterdrückt bezeichnen. Dem Mann im Islam wird ein gegensätzlicher Status zugeordnet; er wird als Repräsentant der

Familie, als überlegenen und einflussreich bezeichnet. Nichts desto trotz sind nur die Wenigsten der Auffassung, der Koran sei frauenfeindlich.

Dennoch ist es wichtig zu bemerken, dass es sich bei diesen, wie bereits erwähnt, um die ersten Begriffe handelt, die den Leuten einfallen, sobald sie die genannten Worte hören. Diese müssen jedoch nicht ihre eigene Meinung wiedergeben.

Darüber hinaus kennt jeder Fünfte aller Befragten muslimische Frauen, welche unterdrückt werden.

Die Äußerungen bezüglich der Unterdrückung variieren dennoch ziemlich stark, wobei die größte Unterdrückung von der Familie der betroffenen Person ausgehe, sodass die Betroffene bspw. Einschränkungen sowohl in der Freiheit als auch in der Privatsphäre erfahre, woraus ein Gefühl des Nicht-Zugehörig-Seins zur sozialen Gesellschaft erweckt werde. Im Gegensatz dazu wurde ebenfalls angegeben, dass die Unterdrückung eher von der Gesellschaft sowie vom Staat komme, da viele Muslime mit einer größeren Schwierigkeit bei der Berufssuche konfrontiert werden. Des Weiteren werden sie aufgrund ihres Glaubens und ihrer äußerlichen Erscheinung diskriminiert.

Abschließend lässt sich sagen, dass die Geschlechterrollen laut den Teilnehmenden völlig im Gegensatz zueinander stehen, wobei trotzdem viele der Auffassung sind, der Koran sei nicht frauenfeindlich, obwohl einige aus ihren Bekanntenkreisen Opfer kennen, die gegenteiliges erlebt haben bzw. erleben.

4.4 Die Stellung der Frau in bestimmten Ländern

Nachdem viele die Frau im Islam mit negativen Begriffen wie zum Beispiel Unterdrückung assoziieren, stellt sich die Frage, ob diese Repression in bestimmten Kulturkreisen häufiger auftritt. In diesem Aspekt wird behandelt, ob die Tendenz zur Unterdrückung der Frau generell von islamisch geprägten Ländern oder eher von bestimmten Regionen abstammt. Konträr dazu wurde erfragt, in welchen Ländern die Frau keine Repression erfährt.

Bei den Angaben der Unterdrückungsländer sticht der häufige Verweis auf die arabischen Länder, vor allem auf Saudi-Arabien, besonders ins Auge. So sind knapp ein Drittel der Teilnehmer der Auffassung, die Frau in Saudi-Arabien stelle ein Eigentumssymbol dar und die Ursache sei die Religion bzw. die unkorrekte Auslegung der Scharia. Diese Aussage wurde nicht nur von Christen, sondern auch von Muslimen getätigt. Aufgrund des Kemalismus und der mangelnden Emanzipation der Frau wird die Türkei am zweithäufigsten als Unterdrückungsland wahrgenommen. Im Allgemeinen wurden islamisch geprägte Länder mit der Begründung der fehlenden Bildung als Unterdrückungsländer eingestuft, wobei diese nicht vom Islam ausgehe, sondern eher von der Kultur, da diese in ihrem Einfluss übermächtig sei. In dieselbe Kategorie ordnen viele Menschen auch die USA und die europäischen Staaten ein. In diesen Ländern werde die Frau als Lustobjekt klassifiziert und erfahre vor allem in den USA Diskriminierung durch den Staat. In Deutschland machen viele Befragte die Bundeskanzlerin Angela Merkel verantwortlich, da eine Religionsfreiheit in der Praxis nicht erkennbar sei, Merkel aber nichts dagegen unternehme. Diese Meinung geht eher von volljährigen Muslimen und Atheisten aus. Des Weiteren verurteilen einige die „Missetaten" gegen die Frauen in Deutschland seitens der Kirche, da diese die Frau als den Ursprung der Sünde bezeichnet habe und die Frau daher im Allgemeinen eher untergeordnet scheine. Auffällig ist zudem die häufige Angabe Frankreichs, da in diesem Land das Burka-Verbot herrscht.

Interessanterweise weichen die Meinungen vieler Menschen bezüglich dieser Frage ziemlich stark voneinander ab. So sieht eine Reihe von Teilnehmern beispielsweise die türkische Republik als ein Land an, welches der Frau große Wertschätzung gibt. Indonesien wird als ein tolerantes und gerechtes Land angegeben, gerade weil dort mehr oder minder der Islam herrsche. Zu beachten ist, dass diese Meinung wesentlich von muslimisch Gläubigen ausgeht. Die europäischen Staaten hätten einen höheren Bildungsstand und seien aufgeklärter, sodass dadurch eine Geschlechtersegregation vermieden werde und alle Bürger aufgrund der herrschenden Demokratie eine große Freiheit leben würden. Diese Staaten seien gekennzeichnet durch die Emanzipation der Frau und vor allem in Amerika gelte nach dem Ideal des „American Dream" das Selbstbestimmungsrecht der Frau.

Die meisten Antworten kamen eher von Teilnehmern, welche älter als 18 Jahre alt sind und meist dem weiblichen Geschlecht angehören. Nur die Wenigsten sind der Ansicht gewesen, die Frau werde in gewisser Hinsicht in allen Ländern unterdrückt.

Schlussfolgernd variieren die Meinungsbilder ziemlich stark voneinander, dennoch sind fast alle der Ansicht, dass die größte Diskriminierung in Saudi-Arabien stattfinde. Die europäischen Staaten wurden zum Teil auch als Unterdrückungsländer kategorisiert, werden weitestgehend jedoch als äußerst gerecht bewertet.

4.5 Kopftuch – Symbol der Unterdrückung?

Aus dem vorherigen Punkt ergab sich, dass die meisten Teilnehmer den deutschen Staat als nichtunterdrückerisch ansehen. Dennoch müssen sich Kopftuchträgerinnen oftmals aufgrund ihrer Bedeckung gegenüber der Gesellschaft rechtfertigen, zumal das Kopftuch auch für öffentliche Diskussionen sorgt. Um dieser Problematik nachzugehen, stellte sich die Frage, womit Außenstehende das Kopftuch assoziieren. Daher wurde in einem Abschnitt der Umfrage das Kopftuch angesprochen.

Laut der Auswertung definieren rund 65% das Kopftuch zunächst einmal als ein Glaubenssymbol. Die Hälfte von diesen besagen, dass das Kopftuch eine gewisse Stärke symbolisiere, während rund 14% hinter dieser Verschleierung pures Leid verborgen sehen. Dazu ist zu erwähnen, dass die Assoziation mit Stärke nicht nur von Muslimen ausgeht, sondern von Angehörigen aller Glaubensrichtungen. Das Leid wiederum geben ausschließlich Christen und Atheisten an. Das Kopftuch drückt nur für 15% der Befragten Freiheit aus, wogegen laut 16% hinter dem Kopftuch Erniedrigung steckt. Die letztere Beurteilung ging eher von christlichen Teilnehmern über 18 Jahren aus. Dessen ungeachtet fällt auf, dass auch viele jüdisch Gläubige das Kopftuch mit Freiheit verbunden sehen. Während für einige das Kopftuch Ehre, Selbstbestimmung sowie Stolz und Schutz darstellt, halten andere das Kopftuch für eine Gefangenschaft, ein Eigentumssymbol und für eine Verletzung der Menschenwürde. Weiterhin fällt auf, dass fast alle Muslime dieser Thematik relativ positiv gegenüberstehen, während Nichtmuslime eine kritischere Sichtweise haben. Vermutlich sind Muslime dieser Ansicht, da sie selbst der islamischen Religion zugehörig sind oder sogar selbst ein Kopftuch tragen und dementsprechend eine anderweitige Überzeugung vertreten. Trotz der zum Teil auch negativen Stimmen sind rund drei Viertel der Teilnehmer der Meinung, muslimische junge Mädchen würden das Kopftuch freiwillig tragen. Der prozentuale Wert von 6%, welche ausschließlich Atheisten und Christen sind, stimmt diesem wiederum nicht zu, während 19% eher zwiegespaltener Meinung sind. Die negativen Einstellungen gehen zudem eher von Personen aus, welche keine muslimischen Freunde in ihrem Freundeskreis haben.

4.6   Der Kontakt zu muslimischen Frauen

Da viele Vorurteile entstehen, weil Menschen sich nicht miteinander austauschen, geht es in dem letzten Aspekt der Umfrage um den Kontakt zu muslimischen Frauen.

Laut den Auswertungen haben 62% der Teilnehmer muslimische Bürger in der Öffentlichkeit angesprochen und knapp die Hälfte dieser taten dies, da diese Fragen zur Religion der muslimischen Frau hatten. Zahlreiche Teilnehmer haben sich laut den Angaben im Allgemeinen über die Religion informiert, größtenteils jedoch erfragt, wie die Muslima ihren Alltag meistere. Häufiger Bestandteil des Gespräches sei das Kopftuch gewesen, so tauchten Fragen auf wie, seit wann sie das Kopftuch trage, wieso sie dies tue und ob es nicht vor allem im Sommer anstrengend sei. Daraus lässt sich schließen, dass relativ viele Menschen ihrer Ungewissheit ein Ende setzen wollen und den persönlichen Kontakt nutzen. Auch muslimisch Gläubige wiederum geben an, aufgrund ihrer Verschleierung angesprochen worden zu seien. Diese bewerten das Ansprechen als positiv und meinen, jeder sollte dies tun, um sich „rechtmäßige Informationen" verschaffen zu können. Ferner geben viele an, dass sie muslimische Freunde haben und über alle möglichen Themen miteinander sprechen. Die restlichen Teilnehmer, ca. 38%, geben an, niemals eine Muslima angesprochen zu haben.

5 Fazit

Um zu einem fundierten Fazit zu kommen, möchte ich zunächst einmal einzelne Aspekte der Facharbeit aufgreifen. Beginnend im vorislamischen Arabien bis hin zur Veränderung der Stellung der Frau durch den Islam, möchte ich folgendes Zitat von Haddad und Esposito heranziehen:

> „Mohammed gab den Frauen gewisse Rechte und Privilegien in der Sphäre der Familie, Ehe, Bildung und ökonomischen Unternehmungen, Rechte, die helfen, den Status der Frauen in der Gesellschaft zu verbessern."[116]

Ich schließe mich dieser Meinung an, wobei die durch den Islam gegebenen Einschränkungen der Frau, wie zum Beispiel die Einhaltung bestimmter Kriterien zur Ausübung eines Berufes, nicht ausgeblendet werden dürfen. Letztendlich handelt es sich dabei um eine rein subjektive Ansicht, sodass jeder sich seine eigene Meinung bilden muss.

Trotzdem erhalten wir durch die vorherrschenden Normen in den islamisch geprägten Staaten, zumindest was die Anwendung der körperlichen Gewalt angeht, ein äußerst unterdrückerisches Bild gegenüber der Frau. Dementsprechend spiegelt sich diese Wahrnehmung auch in den Meinungen vieler Befragter wider. Dies unterstützend werden die Ansichten besonders dadurch gestärkt, dass beispielsweise rund 19% aller Befragten angaben, unterdrückte Muslimas persönlich zu kennen. Somit lassen sich anhand meiner Umfrage weitere zahlreiche Gründe als Antworten auf meine Ausgangsfrage, weshalb die Frau im Islam mit der Unterdrückung verbunden werde, ausmachen. Obwohl die Meinungen der angegebenen Gründe beim Kopftuch ziemlich weit auseinander gehen, möchte ich diese nochmals aufgreifen. Während einige das Kopftuch als Freiheit ansehen und andere es wiederum als Erniedrigung auffassen, spielt dabei auch die Persönlichkeit der Frau, welche das Kopftuch trägt, meiner Meinung nach eine große Rolle. Schließlich können Menschen andere nur nach der äußerlichen Erscheinung beurteilen, da ihr Inneres nicht bekannt ist. Wenn es dann aber vorkommt, dass man Kopftuchträgerinnen begegnet, welche relativ unsicher und nicht selbstbewusst wirken, so kann man schnell der Auffassung sein, sie werde unterdrückt. Anders wiederum ändert sich diese Sicht, wenn man eine sehr selbstsichere Kopftuchträgerin vor sich hat. Neben diesem möglichen Grund scheint dennoch der hauptsächliche Ursprung der Vorstellungen aus den Medien zu stammen. Schließlich nehmen die meisten Menschen, trotz der vermuteten einseitigen Berichterstattung und gezielter Manipulation, die Medien als Hauptquelle ihrer Informationen an. Realistisch betrachtet, lassen sich jedoch die Medien als Informationsquelle nicht vermeiden, da man diesen

---

[116] http://de.wikipedia.org/wiki/Islamischer_Feminismus#Fr.C3.BCche_Reformen_unter_dem_Islam, aus dem Internet entnommen am 07.03.2015

heutzutage nicht mehr aus dem Weg gehen kann. So bilden sie einen großen Einflussfaktor und in gewisser Hinsicht steckt hinter jedem Bericht ein bisschen Wahrheit, wobei man sich Informationen nicht ausschließlich aus den Medien verschaffen sollte. Denn auch aus der Umfrage geht besonders hervor, dass Menschen, welche ausschließlich die Medien als Quellen benutzen, eine sehr negative Haltung gegenüber dem Islam haben, während einige, welche auch andere Quellen in Betracht ziehen, eine deutlich andere Meinung vertreten. Aus der Umfrage ist folglich zu entnehmen, dass sowohl die mediale Darstellung des Islams als auch die tatsächlichen Lebensverhältnisse in islamisch geprägten Ländern mehr oder weniger die Hauptursache darstellen, weshalb viele Menschen die Frau im Islam mit der Unterdrückung assoziieren.

Schlussendlich denke ich, dass einige der Befragten eine Vorbildfunktion haben, indem sie die Antworten für ihre Fragen direkt bei den Muslimen suchen und sich auf diese Weise aufklären lassen und einen (inter-)kulturellen und -religiösen Dialog suchen. Um dennoch jegliche Unterdrückung vermeiden zu können, bedarf es einer universellen Gleichberechtigung, sodass Frauen im Allgemeinen nicht unterdrückt werden.

Literatur- und Quellenverzeichnis

Primärliteratur

Ibn Rassoul, M. A., Al Qur'an al Karim, 20. Auflage, Köln 2014.

Onlineumfrage, Kocakaplan, B., „Wieso wird die Frau im Islam mit der Unterdrückung verbunden?", durchgeführt am 04.01.2015.

Sekundärliteratur

Al-Sheha, A. R., Frauen im Schutz des Islam, übers, von Mohamed, A. A. G. M., überarbeitet von: Mitterhuber, D. & Ateia, A., Riyadh, 2003.

Kaplan, C., Stellung der Frau im Islam und ihre Besonderen Zustände, Köln, 1996.

Ibn Rassoul, M. A., Tafsir, Al Qur'an Al Karim, 27. Auflage, 2003.

Schneider, I., Der Islam und die Frauen, München, 2011.

Khan, S. M. Z., Die Frau im Islam, Frankfurt am Main, 5. Auflage, 2011.

Internetquellen:

http://www.enfal.de/fragfrau.htm, o.V. 25 Fragen zur Frau im Islam, 1997, aus dem Internet entnommen am 25.01.2015.

https://sites.google.com/site/islamjnobinet/home/vorzuege-der-ehe, Al-Jibaly, M. Vorzüge der Ehe, aus dem Internet entnommen am 26.01.2015.

http://www.islamweb.net/grn/?page=articles&id=151521, Der Eintritt in den Ehebund: Partnerwahl und Brautgabe, 20.06.2010, aus dem Internet entnommen am 26.01.2015.

http://www.focus.de/wissen/mensch/religion/islam/islamlexikon/heirat_aid_12279.html, Islamlexikon, Mehrehe erlaubt Heirat, aus dem Internet entnommen am 02.02.2015.

http://dawah.de/die_muetter_der_glaeubigen/die_frauen_des_propheten.htm, o.V. Die Frauen des Propheten, aus dem Internet entnommen am 03.02.2015.

http://womeninislam.ws/de/nachte_verbringen_und_sexuelle_erfullung.aspx, o.V. Nächte verbringen und sexuelle Erfüllung, aus dem Internet entnommen am 03.02.2015.

http://www.islamisches-zentrum-muenchen.de/html/islam_-_frau_und_familie.html#07, o.V. Islamisches Zentrum München, aus dem Internet entnommen am 03.02.2015.

http://islam-deutschland.info/forum/viewtopic.php?p=159296, o.V. Schutz der Frau? , die Rolle der Frau im Islam, aus dem Internet entnommen am 05.02.2015.

http://www.religion-online.info/islam/themen/kleidung.html, o.V. Informationsplattform Religion, Kleidungsvorschriften im Islam, letzte Aktualisierung: 2.11.2004, Gefördert im Rahmen des Aktionsprogramm „Jugend für Toleranz und Demokratie – gegen Rechtsextremismus, Fremdenfeindlichkeit und Antisemitismus, aus dem Internet entnommen am 05.02.2015.

http://de.wikipedia.org/wiki/Saudi-Arabien#Staatsoberhaupt, o.V. Saudi-Arabien, aus dem Internet entnommen am 07.02.2015.

http://de.wikipedia.org/wiki/T%C3%BCrkei, o.V. Türkei, aus dem Internet entnommen am 07.02.2015.

https://www.amnesty.de/jahresbericht/2012/saudi-arabien, Amnesty International, Amnesty Report 2012, SAUDI-ARABIEN, 2012, aus dem Internet entnommen am 15.02.2015

https://www.amnesty.de/jahresbericht/2015/saudi-arabien?destination=node%2F3005%3Fcountry%3D63%26topic%3D218%26node_type%3D%26from_month%3D0%26from_year%3D%26to_month%3D0%26to_year%3D%26submit_x%3D78%26submit_y%3D2%26submit%3DAuswahl%2Banzeigen%26resu lt_limit%3D50%26form_id%3Dai_core_search_form#rechtevonfrauenundmdchen, Amnesty Report 2015, SAUDI-ARABIEN, aus dem Internet entnommen am 15.02.2015.

http://www.amnesty.de/umleitung/2000/mde23/057?lang=de%26mimetype%3Dtext%2Fhtml, Amnesty International, Länderbericht, Grobe Menschenrechtsverletzungen an Frauen, aus dem Internet entnommen am 15.02.2015.

http://www.state.gov/j/drl/rls/hrrpt/2012humanrightsreport/index.htm?year=2012&dlid=204381#wrapper,
Bureau of Democracy, Human Rights and Labor, Country Reports on Human Rights Practices for 2012, Saudi
Arabia, aus dem Internet entnommen 15.02.2015.

http://www.un.org/womenwatch/daw/cedaw/text/econvention.htm, o.V. Convention on the Ellimination of All Forms
of Discriminations against Women, aus dem Internet entnommen am 15.02.2015.

http://web.archive.org/web/20070927021326/http://www.amnesty.at/vaw/cont/laender/tuerkei/Tuerkei_SVAW_Bericht.pdf,
Amnesty International Österreich, Türkei: Frauen kämpfen gegen Gewalt in der Familie, aus dem Internet
entnommen am 18.02.2015.

http://www2.amnesty.de/internet/deall.nsf/AlleDok/B0625E307C560829C1256EE700365EBD/$FILE/EUR440132004.pdf,
Amnesty International, Frauen kämpfen gegen familiäre Gewalt, 2. Juni 2004, aus dem Internet entnommen am
18.02.2015.

http://de.wikipedia.org/wiki/Hadith, o.V. Hadith, aus dem Internet entnommen am 06.03.2015.

http://de.wikipedia.org/wiki/Scharia, o.V. Scharia, aus dem Internet entnommen am 06.03.2015.

http://wissen.woxikon.de/unterdrueckung, o.V. Unterdrueckung, aus dem Internet entnommen am 06.03.2015.

http://www.duden.de/rechtschreibung/unterdruecken, o.V. unterdruecken, aus dem Internet entnommen am 06.03.2015.

http://www.info-magazin.com/?suchbegriff=Islam, o.V. Islam, aus dem Internet entnommen am 06.03.2015.

http://www.info-magazin.com/?suchbegriff=Koran, o.V. Koran, aus dem Internet entnommen am 06.03.2015.

http://de.wikipedia.org/wiki/Islamischer_Feminismus#Fr.C3.BChe_Reformen_unter_dem_Islam, o.V. Islamischer
Feminismus, aus dem Internet entnommen am 07.03.2015.

Sonstige Quellen

Eigene Verwandte aus Istanbul, telefonisches Gespräch am 25.02.2015.

Anhang

Fragebogen zum Thema:

„Wieso wird mit der Frau im Islam die Unterdrückung verbunden?"

<u>**Allgemeiner Teil:**</u>
- Geschlecht: ○ männlich ○ weiblich
- Alter: ○ 14-18 ○ über 18
- Religion: ○ Christentum ○ Judentum ○ Islam ○ Atheismus
○ Sonstige _____
- Haben Sie muslimische Freunde? ○ Ja ○ Nein

1. **Was ist die Hauptquelle Ihrer Informationen über den Islam?**
   ○ Medien ○ Umfeld (z.B. Nachbarn, Bekannte etc.) ○ Koran
   ○ Schule ○ Sonstige _____

2. **Meinen Sie, dass die Medien eine große Macht haben, was die Darstellung des Islams angeht?** ○ Ja ○ Nein Grund: _____

3. **Welche Begriffe fallen Ihnen spontan zur Frau im Islam ein?**
   _____

4. **Welche Begriffe fallen Ihnen spontan zum Mann im Islam ein?**
   _____

5. **Würden Sie den Koran bzw. den Islam als frauenfeindlich bezeichnen?**
   ○ Ja ○ Nein Grund: _____

6. **Meinen Sie, dass die Frau in bestimmten Ländern unterdrückt wird?**
   ○ Sie wird unterdrückt in _____, weil _____
   ○ Sie wird **nicht** unterdrückt in _____, weil _____

7. **Kennen Sie Muslimas, die unterdrückt werden?** ○ Ja ○ Nein
   Wenn ja, wie äußert sich diese Unterdrückung? _____

8. **Was ist für Sie ein Kopftuch bzw. was verbinden Sie damit?**
   ○ Glaubenssymbol ○ Erniedrigung ○ Schwäche ○ Leid ○ Freiheit
   ○ Sonstiges _____

9. **Meinen Sie, dass muslimische junge Mädchen das Kopftuch freiwillig tragen?**
   ○ Ja ○ Nein ○ Weiß ich nicht

10. **Haben Sie jemals eine nach außen praktizierende Muslime angesprochen?**
    ○ Ja ○ Nein
    Wenn ja, worüber haben Sie geredet? _____

Umfrage

Allgemeine Informationen

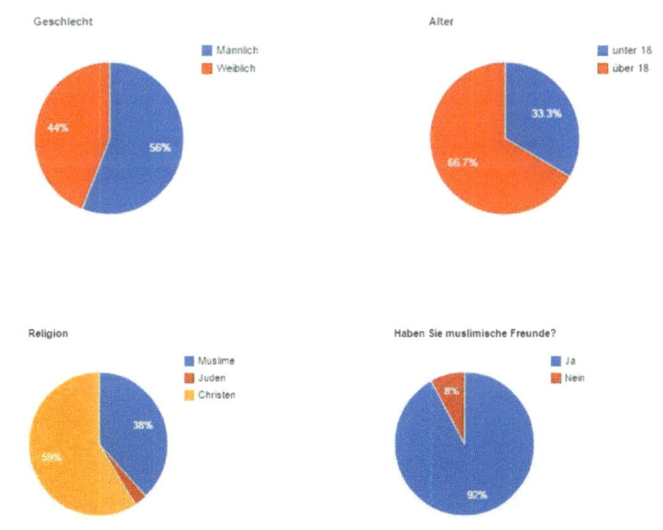

Hauptquelle des Islams

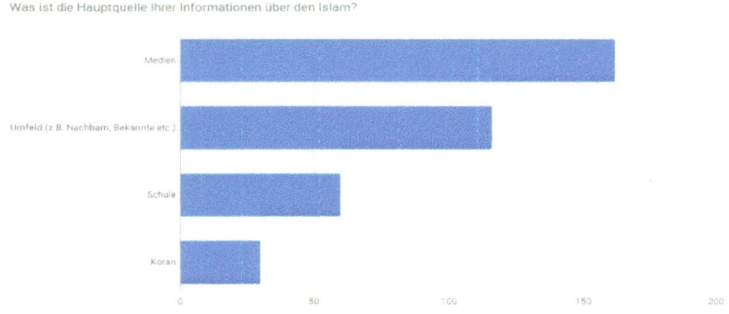

Meinen Sie, dass die Medien eine große Macht haben, was die Darstellung des Islams angeht?

Kopftuch – Symbol der Unterdrückung?

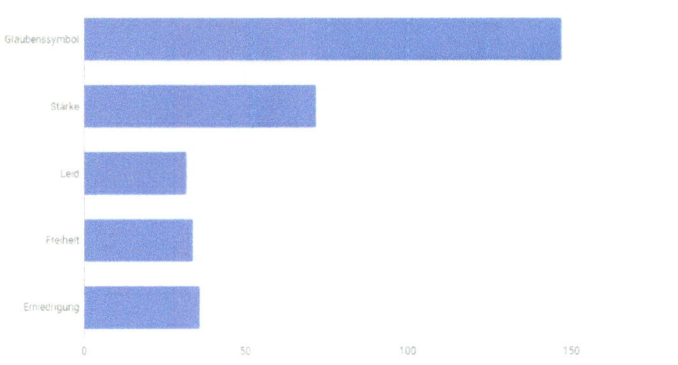

Was ist für Sie ein Kopftuch bzw. was verbinden Sie damit?

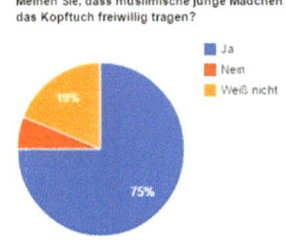

Meinen Sie, dass muslimische junge Mädchen das Kopftuch freiwillig tragen?

Der Kontakt zu muslimischen Frauen

Haben Sie jemals eine nach außen
praktizierende Muslima angesprochen?

- Ja
- Nein

38%

62%